KB264587

인물로 보는 세계 역사

LIVE 세계사

14 러시아

천재교육

글 **스토리랩**

'이야기 연구실'이라는 뜻의 스토리랩은 기획자·작가·편집자로 이루어진 창작 집단입니다.
각 분야의 전문가들이 더 유익하고 새로운 콘텐츠를 만들기 위해 노력하고 있습니다.

만화 **최우빈**

학습 만화를 전문으로 그리는 '빈 스튜디오'를 이끌고 있습니다.
《그리스 로마 신화》, 《도티&잠뜰 미래과학상식》, 《도티&잠뜰 방과 후 학교》,
《바둑전쟁 신들의 게임》 등의 학습 만화 시리즈를 그렸습니다.

학습·감수 **이강무**

고려대학교 역사교육학과를 졸업했습니다.
지은 책으로 《청소년을 위한 세계사 서양 편》, 《청소년을 위한 역사 교양 시리즈》 등이 있습니다.
현재 인창 중학교에서 학생들과 역사 공부를 하고 있습니다.

LIVE 세계사 ⑭ 러시아

발행 | 2022년 6월 5일 초판 **인쇄** | 2022년 5월 31일 1쇄
발행처 | (주)천재교육
글 | 스토리랩 **만화** | 최우빈 **삽화** | 팀키즈 **학습·감수** | 이강무
편집 | 천재교육 만화사업팀 **북디자인** | Design Plus
사진 제공 | 위키피디아
신고번호 | 제2001-000018호(1980.5.28)
팩스 | 02-3282-1717
고객만족센터 | 1577-0902
주소 | 08513 서울특별시 금천구 가산로9길 54
홈페이지 | www.chunjae.co.kr

ISBN 979-11-259-7048-4 74900
ISBN 979-11-259-7034-7 74900 (세트)

인물로 보는 세계 역사
LIVE 세계사
14 러시아

러시아로 떠나는 흥미진진한 역사 여행

넓은 영토, 상상을 초월하는 추위, 북슬북슬한 털모자…….

대부분 친구가 막연히 떠올리는 러시아의 이미지일 것입니다.

문학이나 예술에 일가견을 가진 사람이라면 톨스토이나 푸시킨,

도스토옙스키 같은 이름들을 떠올릴 수도 있겠군요.

그런데 사실, 우리나라에서 러시아는 '가깝지만 먼' 나라입니다.

많은 사람이 가까이 있는 러시아보다 지구 반대편의 미국을 더 친밀하게 느끼지요.

그 이유는 아마도 지난 역사 때문일 것입니다. 지금의 러시아 이전에 존재했던

공산주의 국가, '소련'에 대한 거부감이 아직 완전히 사라지지 않은 탓이에요.

소련이 소멸한 지 30여 년이 넘은 지금, 새로운 시선으로 러시아를 바라볼 때입니다.

실제로 러시아는 알면 알수록 흥미로운 나라예요.

동서로 9시간이나 시차가 나는 광활한 국토와, 이를 가로지르는 세계에서 가장 긴 철도,

세계에서 가장 추운 도시와 세계에서 가장 큰 호수가 모두 러시아에 있답니다.

여기에 표트르 1세부터 고르바초프에 이르는,

끊임없는 개혁과 혁명의 역사 또한 무척 흥미롭지요.

자! 이제 우리와 가장 가까운 유럽, 러시아로 흥미진진한 역사 여행을

떠나봅시다.

이강무

서울 인창중학교 교사

나비 효과! 연약한 나비의 날갯짓 하나가 지구 반대편에 있는 나라에 큰 태풍을 만들어 낼 수 있다는 뜻이에요. 오늘날 지구촌에 살고 있는 우리 모두가 밀접하게 서로 영향을 주고 받는다는 것을 보여 주는 말이지요. 《LIVE 세계사》는 한국에서 태어났지만 세계인과 친구가 되고 함께 살아갈 여러분에게, 흥미 있는 세계사를 보여 줄 것입니다.

김태규
서울 장충고등학교 교사

《LIVE 세계사》는 어린이 혼자 읽으면서도 쏙쏙 이해되는 세계 여러 나라를 여행하는 듯한 생동감을 전해 주는 책이지요. 역사적 인물을 통해 각 나라의 역사를 살펴보며 '세계사 공부가 쉽고 재미난 것이구나!' 하는 생각을 갖게 될 거예요. 세계사와 연관된 한국사도 담겨 있어 세계 시민으로 살아가는 어린이들에게 더 넓은 세상으로 나아가는 길을 열어 주지요.

황은희
서울 창림초등학교 교사

《LIVE 세계사》는 세계 여러 나라의 역사를 중요 인물과 사건을 통해 살펴보고, 이와 관련된 주변 나라의 역사와 나아가 세계 역사 흐름을 살펴보려는 책입니다. 인물과 사건, 그리고 유적과 유물을 통해 세계는 연결되어 있고, 과거와 현재가 연결되어 있음을 알 수 있습니다. 세계 속 인물을 통해 과거와 현재 그리고 세계 곳곳을 찾아 여행을 떠나요!

왕홍식
서울 보성중학교 교사

현재 우리가 살아가는 지구에는 수많은 나라와 역사가 있어요. 그 역사 속 사람들을 알고 싶다면 《LIVE 세계사》를 읽어 보는 것은 어떨까요? 여러분이 꼭 알아 두면 좋을 인물을 중심으로 한 재미있는 만화를 읽을 수 있어요. 또 비슷한 시기 주변 국가의 이야기나 우리나라 역사와 관계있는 이야기도 있어 보다 깊이 있게 세계사를 만날 수 있을 거예요.

김현숙
서울 덕수중학교 교사

이 책의 특징

Start

1

여행 지도

해당 나라의 지도와
함께 수도, 언어, 기후,
국기 등 기본 정보를
알아봅니다.

2

만화와 정보 박스

세계 역사 속 주요 인물을
재밌는 스토리와 함께
만화로 만나 봅니다.
정보 박스를 통해
놓치기 쉬운 학습 정보를
보충합니다.

3

세계사 들여다보기
세계사 넓게 보기
세계사 깊게 보기

해당 나라에 관련된
정보를 읽고,
그 시기에 주변 나라와
우리나라는 어떤 일이
있었는지 살펴봅니다.

몽골의 지배를 벗어나 러시아로!

아주 먼 옛날부터 동유럽에는 '슬라브'라 불리던 사람들이 살았어요. 9세기 무렵, 슬라브족은 북유럽에서 온 바이킹족과 힘을 합쳐 '키예프 루스'라는 나라를 세웠지요. 키예프 루스는 주변의 작은 나라들을 아우르며 힘을 키워 나갔으나 12세기 중반부터 '공국'이라 부르는 여러 개의 작은 나라들로 분열하며 쇠퇴하기 시작했어요. 13세기에 들어서는 몽골의 지배까지 받게 되었고요. 이때 여러 공국 중 하나였던 '모스크바 공국'은 주변의 다른 공국들을 합병하여 빠르게 성장했고, 결국 몽골의 지배에서 벗어나게 되었어요. 나중에 모스크바 공국은 다른 모든 공국을 통일하여 '러시아 차르국'으로 발전시킵니다. 바야흐로 러시아의 역사가 시작된 것입니다.

이반 3세 (1440년~1505년)

키예프 공국의 영향을 받은 작은 나라인 모스크바 공국의 대공이에요. 어린 시절, 숙부가 반란을 일으켜 모든 권력을 잃을 뻔했지만, 무사히 대공의 자리에 오르지요. 즉위 당시 루스의 공국들은 몽골의 지배를 받으면서도 서로 힘을 겨루며 다투는 상황이었는데, 이에 이반 3세는 무력으로 주변 공국들을 하나씩 흡수하며 루스의 통일을 추진했어요. 그리고 1480년에는 킵차크한국과의 전쟁을 승리로 이끌며 모스크바 공국을 완전한 주권 국가로 만들지요. 훗날 러시아 제국으로 발전하는 모스크바 대공국의 기초를 닦은 것입니다. 러시아 정교회를 들여오고 비잔티움 문화를 받아들인 것도 이반 3세의 업적이에요.

<table>
<tr><td>

4

놀이 퀴즈

미로 찾기, 가로세로
낱말 퀴즈, 사다리 타기 등
재밌는 퍼즐을 이용해
학습한 내용을
확인해 봅니다.

</td><td>

5

문제 퀴즈

세계사와 관련된 다양한
유형의 문제를 풀면서
학습한 내용을 점검하고
교과를 비롯한 여러 가지
시험에 대비합니다.

</td><td>

6 End

연표

인물과 사건을 중심으로
역사의 흐름을 이해하고
같은 시기에 우리나라와
다른 나라에서 일어난
사건과 비교해 봅니다.

</td></tr>
</table>

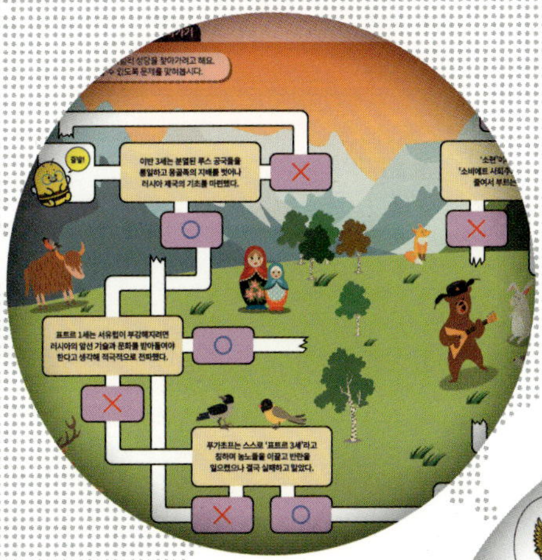

러시아

국기

흰색은 천상계를 상징하며 고귀함과
진실을 나타내요. 파란색은 하늘을 상징하며
정직과 헌신, 충성의 마을을, 빨간색은 속세를
상징하며 용기와 사랑, 희생을 뜻해요.

수도

1918년 러시아 혁명 이후 상트페테르부르크에서 지금의
모스크바로 바뀌었어요. 냉전 시대에는 전 세계 공산당의
본부 역할을 했으며, 지금도 모든 분야의 중심지랍니다.

언어

러시아어와 키릴 문자를 써요. 과거 소련 연방에 속해 있던
우크라이나와 카자흐스탄 등 동유럽과 중앙아시아 국가들도
함께 사용하지요. 국제 연합에서 정한 공용어 중 하나예요.

지리·기후

크게 서부의 동유럽 평원과 중부의 서시베리아 평원,
동쪽의 산악 지대로 나뉘어요. 광활한 영토 탓에 지역마다
기후 차가 크게 나타나는데, 특히 남북의 기온 차가 커요.

산업·화폐

석탄과 석유, 천연가스 등 에너지 자원을 주로 수출해요.
철강업과 화학 공업 등 중공업도 발달했으며, 농산물 수출
규모도 무척 큰 편이지요. '루블'이라는 화폐 단위를 사용해요.

세계 유산

19건의 문화유산과 11건의 자연유산을 보유하고 있어요.
대표적인 문화유산으로 모스크바의 크렘린 궁전과 붉은 광장,
상트페테르부르크 역사 지구가 있으며, 자연유산으로는
북극 생태계를 간직한 푸토라나 고원과 지구에서 가장
오래되고 가장 큰 민물 호수인 바이칼호가 유명해요.

푸토라나 고원
야쿠츠크
바이칼호
울란우데
하바롭스크
블라디보스토크
러시아로
역사 여행을
떠나보자!
LIVE
세계사 QR
동영상으로 더 많은
정보를 만나 보세요!

모모

이상한 나라 도서관 사서.
평소 논리적이지만 가끔
무모할 때가 있어요.

솔이

이상한 나라의 음악가.
악기를 잘 다루고
섬세한 감수성을 가졌어요.

버리

부지런하고
호기심이 많아요.
주변을 잘 관찰해요.

하트 공주

이상한 나라
하트 여왕의 외동딸.
자기만의 왕국을
세우려고 해요.

가로

하트 공주의 부하.
충성심으로 가득하지만
엉뚱한 행동으로 일을
그르치기도 해요.

세로

하트 공주의 부하.
공주의 말이라면 무조건
따르며, 눈치가 빨라
행동도 빨라요.

이반 3세

모스크바 대공국의 군주.
몽골의 지배에서 벗어나
러시아의 토대를 마련했어요.

표트르 1세

러시아의 개혁을 이끈 황제.
강력한 개혁 정책을 펼쳐서
러시아 제국 시대를 열었어요.

푸가초프

농민 반란을 이끈 지도자.
농노제에 반대하는 사람들과
농민 전쟁을 일으켰어요.

레닌

러시아의 혁명가.
최초의 사회주의 국가인
소련을 만들었어요.

스탈린

소련의 정치가이자 대원수.
레닌의 후계자로, 막강한
권력을 휘두른 독재자예요.

차례

이상한 나라 안내서
여기는 이상한 나라.
세상의 지식과 상상이 모여 만들어진 마법의 나라예요.
하트성
레스토랑
도서관
정원
음악관
인간, 동물, 요정, 마법사, 책 속의 인물 등 다양한 이들이 살고 있지요.

이상한 나라에서 가장 중요한 곳은 도서관이에요. 인간 세계와의 균형을 보여 주는 절대시계가 있거든요. 인간 세계가 흔들리면 여기도 무사하지 못해요.
도서관에 인간 세계로 넘어가는 시간의 문이 있다는 건 안 비밀!
껄껄
이상한 나라는 항상 평화로워요. 가끔 하트성에 사는 공주가 말썽을 일으킬 때 빼고는요.
엄마, 미워!
너 사춘기니?
오늘은 어떤 하루가 시작될까요?
덜 덜 덜

관장님의 비밀 *소집

***소집** 단체를 이루는 사람을 불러서 모음.

ZZZ‥
스윽

응?

*인기척을
느낀 것 같은데…
꿈이었나?
쓰음

두둥
오늘밤 열두 시에
혼자 도서관 앞으로 오시오.
※아무에게도 말하지 말 것!

이걸 누가
놓고 갔지?

*은밀하다 숨어 있어서 겉으로 드러나지 않는다.

*추적 도망하는 사람 뒤를 쫓음.

소년 이반의 *야망

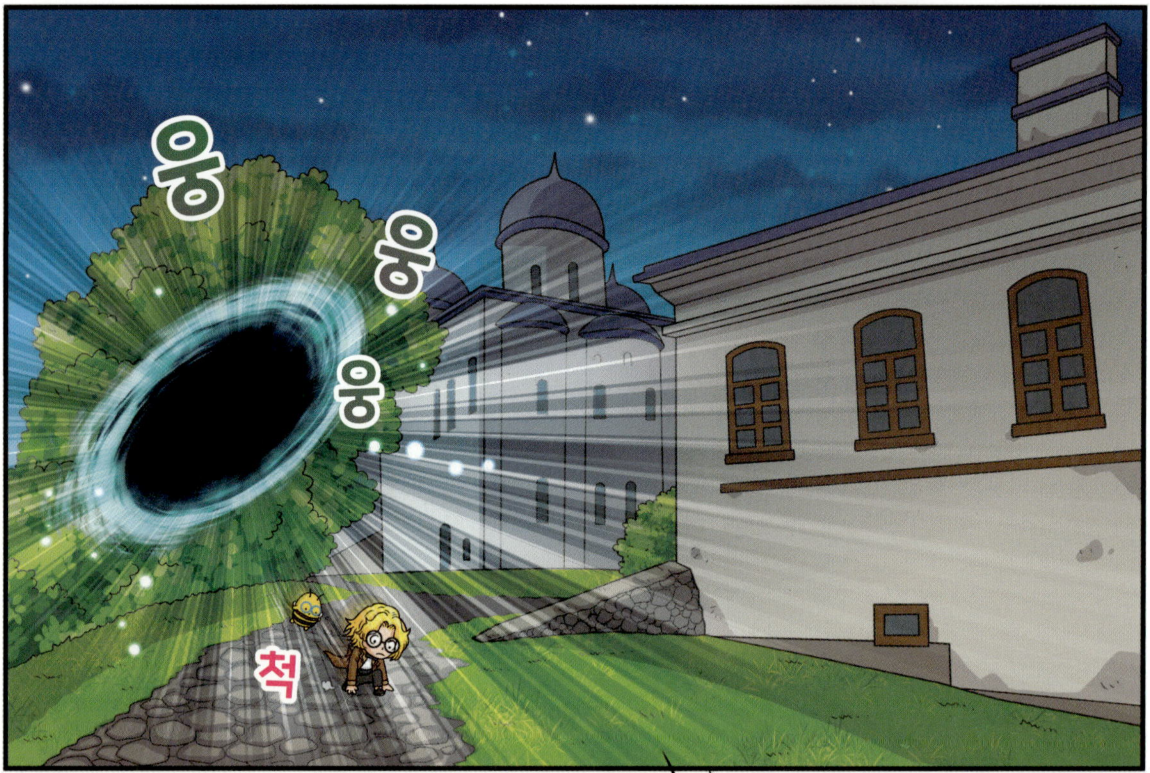

*야망 크게 무엇을 이루어 보겠다는 희망.

*정체 감추지 않은 원래의 진실된 생김새.

*이유 어떠한 결론이나 결과에 이른 까닭이나 근거.

*수도원 성직자들이 공동생활을 하면서 종교적 깨달음을 얻고 관련된 일을 하는 곳.
*불과하다 그 수준을 넘지 못한 상태이다.

***자초지종** 처음부터 끝까지의 과정.

*반란 정부나 지도자에 반대하여 나라 안에서 싸움을 일으킴.
*피신 위험을 피하여 몸을 숨김.

***수도사** 종교를 탐구하고 실천하는 것을 직업으로 삼은 남자 성직자.

***시녀** 항상 어떤 사람 가까이에서 시중을 드는 여자.

···그렇게 된 거야.
그랬구나.

하지만 인간 세상에 *간섭하면 안 된다는 건 너도 잘 알잖아.

맞아, 이러다 자칫 역사가 바뀌기라도 하면 너도 하트 공주님과 다를 바 없어져.
알아! 그래서 처음에는 나도 모른 척하려고 했다고.

웅
웅
웅
난 이제 내가 사는 곳으로 돌아가야 해.
나도 데려가. 따라갈래.

*간섭(28쪽) 직접 관계가 없는 남의 일에 참견함.

***민족** 어떤 지역에서 오랜 세월 동안 살아가면서 말과 글, 문화의 공통점을 가지게 된 사람들.
***뿌리** 어떤 사물이나 현상을 이루는 본바탕을 식물의 줄기를 지탱하는 뿌리에 비유한 말.

***수도** 한 나라를 다스리는 중앙 정부가 모여 있는 도시.
***전성기** 어떤 일의 모양이나 상황이 한창 왕성한 시기.

***쇠퇴** 힘이 약해져서 전보다 못해지고 있음.

다시 본론으로
돌아가서….

엎친 데 덮친 격으로
1237년부터는 킵차크한국이
침공하기 시작했지.

킵차크한국은 몽골 제국이
갈라진 뒤에 생긴 네 개의
나라 중 하나야.

힘을 합쳐
싸웁시다!

모… 몽골족이
몰려와요!

힘을 합친들
이길 수 있을까요?

두 두 두 두

분열된 채 휘청대던
키예프 루스는 얼마 뒤
수도까지 빼앗겼고….

공국들이 끝내
단합하지 못했구나.

결국 1240년에
*멸망해 버렸어.

***멸망** 망하여 없어짐.

***영토** 한 나라의 힘이 미치는 지역.
***패권** 최고의 자리를 차지해서 누리게 되는, 누구나 인정하는 힘.

안타깝지만 그게 사실이야, 이반.
…그래서 내가 여기에 와 있는 거구나….

이반….
척

지금은 여기에 숨어 있지만 언젠가는 밖으로 나가야겠지?

끄덕
그럼!

그땐 지금처럼 숨거나 도망치지 않을 거야!
그래야지!
불끈

그리고 누나…
이제 여기에 오지
않아도 돼.
뭐?

나도 알아.
나 때문에 누나가
난처해졌다는 거.
…
정말
미안해.

누나가 그동안
보살펴 준 덕분에 난
이제 무섭지 않아!
혼자서도
용감하고 씩씩하게
지낼 수 있어!

웅
웅
웅
웅
이제 다시는
볼 수 없을지도
몰라. 영영!
나도 알아.
하지만 어쩔 수
없잖아.

*검거 범죄자를 강제로 붙잡는 일.
*군말 하지 않아도 좋을 쓸데없이 덧붙이는 말.

***급박** 일이 벌어진 상황이 조금도 여유가 없이 매우 급함.

***다스리다** 국가나 사회, 단체, 집안의 일을 보살펴 관리하고 통제함.

*인재 어떤 일을 할 수 있는 학식이나 능력을 갖춘 사람.

이반 3세 (1440년~1505년)

키예프 공국의 영향을 받던 작은 나라인 모스크바 공국의 대공이에요.
어린 시절, 숙부가 반란을 일으켜 모든 권력을 잃을 뻔했지만, 무사히
대공의 자리에 오르지요. 즉위 당시 루스의 공국들은 몽골의 지배를
받으면서도 서로 힘을 겨루며 다투는 상황이었는데, 이에 이반 3세는
무력으로 주변 공국들을 하나씩 흡수하며 루스의 통일을 추진했어요.
그리고 1480년에는 킵차크한국과의 전쟁을 승리로 이끌며 모스크바
공국을 완전한 주권 국가로 만들지요. 훗날 러시아 제국으로 발전하는
모스크바 대공국의 기초를 닦은 것입니다. 러시아 정교회를 들여오고
비잔티움 문화를 받아들인 것도 이반 3세의 업적이에요.

---

*기틀(40쪽) 어떤 일의 가장 중요한 원인이나 기회.
*사신 왕이나 국가의 명령을 받고 다른 나라에 가는 신하.

***정기적** 기간이 미리 일정하게 정하여져 있는 것.
***성의** 정성스러운 뜻.

*대리인 다른 사람을 대신하는 사람.
*비상 평범하거나 보통이 아님.

***말미** 어떤 일을 할 때 얻게 되는 시간적인 여유.

***안위** 몸을 편안하게 하고 마음이 괴롭지 않게 함.

커헉!
이… 이런 무례한…!
두둥

칸께서 친히 내리신 세금 *고지서를 찢다니…!

우리는 너희 칸의 신하가 아니다! 따라서, 너희에게 줄 것도 없지!
지… 진정하시고요.
나 이반 3세는 지금부터 우리 모스크바 대공국의 독립을 선언한다!

헉!
척

***고지서(46쪽)** 어떤 이유로 내야 할 돈이나 물건, 세금 등을 적은 문서.
***후퇴** 뒤로 물러남.

슈우우욱
우당탕

하늘에서 아이들이 떨어졌어!
이게 무슨 일이지?

으… 그새 여길 떠나 버렸어!

우리가 또 늦은 거야?
벌써 누굴 납치한 건가?

다행히 사라진 사람은 없어.
?

누… 누나!
설마 네가… 이반?

아이에게 누나라니….
보고 싶었어, 누나! 정말 많이!
꼬맹이 이반이 이렇게 훌쩍 커 버렸네!
그래도 여전히 울보야, 푸하하!
훌륭하게 자랐구나, 이반!
대공님이 이상해지셨어!

몽골의 지배를 벗어나 러시아로!

아주 먼 옛날부터 동유럽에는 '슬라브'라 불리던 사람들이 살았어요. 9세기 무렵, 슬라브족은 북유럽에서 온 바이킹족과 힘을 합쳐 '키예프 루스'라는 나라를 세웠지요. 키예프 루스는 주변의 작은 나라들을 아우르며 힘을 키워 나갔으나 12세기 중반부터 '공국'이라 부르는 여러 개의 작은 나라들로 분열하며 쇠퇴하기 시작했어요. 13세기에 들어서는 몽골의 지배까지 받게 되었고요. 이때 여러 공국 중 하나였던 '모스크바 공국'은 주변의 다른 공국들을 합병하며 빠르게 성장했고, 결국 몽골의 지배에서 벗어나게 되었어요. 나중에 모스크바 공국은 다른 모든 공국을 통일하여 '러시아 차르국'으로 발전시켰답니다. 바야흐로 러시아의 역사가 시작된 것입니다.

이반 3세, 크렘린을 재건하다

'크렘린'은 러시아어로 '요새'나 '성'을 의미해요. 노브고로드와 카잔 등 몇몇 대도시에도 있지만, 과거 차르(황제)가 살았던 모스크바의 크렘린이 가장 유명해요. 지금은 대통령 관저와 박물관으로 사용하고 있지요. 12세기 몽골 침략 때 불타 버린 것을 15세기에 이반 3세의 명령으로 다시 지어 지금의 멋진 모습이 되었다고 합니다.

화려하게 꾸며진 크렘린의 내부

비잔틴 제국과 러시아

고대 로마 제국은 395년에 동과 서로 나뉘었어요. 이 중 동로마 제국은 오늘날 튀르키예의 이스탄불 지역인 '콘스탄티노폴리스(비잔티움)'에 새로운 수도를 건설했지요. 그래서 동로마 제국을 '비잔틴 제국'이라고 부르기도 해요. 비잔틴 제국은 '그리스 정교'를 국교로 삼았는데, 시간이 흐르며 지리적으로 가까운 키예프 루스에도 전파되었습니다. 러시아의 대표 종교인 '러시아 정교'의 근원은 비잔틴 제국이 전파한 '그리스 정교'였던 것입니다.

성 바실리 대성당
1554년~1560년에 건립된 그리스 정교 성당으로, 러시아와 비잔틴 건축 양식이 혼합되어 있다.

성당 내부의 이콘 장식
'이콘'이란 성경의 내용을 그림으로 기록한 것으로, '모양, 형상'을 뜻하는 그리스어에서 유래한 말이다.

퀴즈 러시아에 종교적·문화적 영향을 준 나라는?
① 비잔틴 제국　② 서로마 제국

러시아군에 맞선 조선의 조총 부대

퀴즈 청나라 땅을 침범한 '나선' 사람들의 나라는?
① 신라   ② 러시아

망치를 든 황제

*허겁지겁 마음이 매우 급해 어찌할 줄을 몰라 갈팡질팡하며 서두르는 모양.

***기세** 기운차게 뻗치는 모양이나 상태.
***보필** 윗사람의 일을 도움.

표트르 1세 (1672년~1725년)

로마노프 왕조의 제5대 황제예요. 러시아가 발전하려면 서유럽의 기술과 문화를 적극적으로 받아들여야 한다고 주장했어요. 그래서 네덜란드와 영국, 독일 등을 시찰하는 사절단을 파견했는데, 여기에 신분을 숨기고 들어가 직접 배와 대포 만드는 기술을 배웠을 정도로 열정적이었어요. 러시아로 돌아와서는 서유럽을 따라 관습과 행정, 법률 등 많은 것을 개혁했어요. 대외적으로는 스웨덴과 싸워 바다로 진출하는 출구를 마련했고, 오스만 제국을 물리치고 영토를 넓히기도 했어요. 상트페테르부르크를 건설해 수도를 옮기기도 했습니다.

***안목(56쪽)** 사물을 보고 분별하는 능력과 지식.
***모성애** 자식에 대한 어머니의 본능적인 사랑.

뭐, 그러느라 하트 공주님을 완전히 놓쳐 버렸지만!
윽!
휘청

그래서 이렇게 서두르고 있잖아. 그만 *빈정대!
헤헤, 농담이야.

그나저나 하트 공주님이 이번에 노리는 인물은 누구일까?
너무 막막한데….

이반 3세 이후 등장한 러시아의 위인들 중에서 찾아보자.

표트르 1세, 푸시킨, 도스토옙스키, 톨스토이, 차이콥스키….
우아! 러시아에 대해 엄청 많이 아는구나?

*빈정대다(58쪽) 남을 은근히 비웃는 태도로 자꾸 놀리다.
*후손 자신의 자식을 포함해 그 이후 태어난 자녀를 통틀어 이르는 말.

 ＊근대 문학 15세기 이후 나타난 문학의 한 갈래. 현실과 사회와 인간의 문제를 사실적으로 묘사함.

이상한 나라의 하트 공주님이
표트르 1세를 만나러 왔다!

어서
문을 열어라!

죄송하지만, 황제 폐하는
지금 *부재중이십니다. 언제
오시는지도 모르고요.

어디로
갔지?

그건 말씀드릴 수
없습니다.

감히 공주님을
기다리게 하다니!

너희가
갑자기
왔잖아요.

그럼 당장
돌아오라고
전해라!

내 손가락을 보며
말해 보아라.

표트르 1세가
어디로 갔지?

빙글
빙글

폐… 폐하는
지금….

***부재** 그곳에 있지 않음.

***대략** 대충 어림잡아서.
***킬로미터** 길이의 단위로, km이라 표기함, 1킬로미터는 1미터의 1,000배임.

***낭패** 계획한 일이 실패하거나 기대에 어긋나 매우 안 좋게 됨.

***사절단**(65쪽) 나라를 대표하여 일정한 임무를 가지고 외국에 파견되는 사람들의 무리.
***순방**(65쪽) 나라나 도시 따위를 차례로 돌아가며 방문함.

근데 공주님은 왜 성에서 되돌아 나왔을까?
일찌감치 실패했거나, 아니면….

성에서 표트르 1세를 못 만난 것 아닐까?

찾아간 성에서 표트르 1세를 못 만났다?

지금이 언제인지 알겠어!
표트르 1세는 1697년에 250명의 *사절단을 이끌고 유럽 *순방을 떠난 적이 있어. 무려 17개월이나! 그때가 바로 지금이 아닐까?
일리 있는 추리야.

***멀미** 주변의 흔들림 때문에 메스껍고 어지러워짐. 또는 그런 증세.

*동인도 회사 17세기에 유럽 각국이 인도 및 동남아시아와 무역하기 위하여 동인도에 세운 무역 독점 회사.

죄… 죄송해요. 얼른 나갈게요!
일도 방해되고 곳곳에 위험한 물건투성이라고!
휙

쳇! 뭐 하는 곳이기에 이렇게 난리야?
여긴….
툭
툭

난 근처를 둘러보고 올게!
*조선소 같아. 동인도 회사의 조선소!
우아아!

조선소(68쪽) 배를 만들거나 고치는 곳.

도와주셔서 감사해요.
별말을.
휴~ 살았다.

이곳 아이들은 아닌 것 같은데, 여행 중이니?

뭐… 비슷해요.
누굴 좀 찾고 있거든요.

사실 나도 여기가 고향은 아니란다. 배 만드는 기술을 배우러 멀리서 온 *견습 목수지.

멋지네요!
언젠가 거대한 내 *함선을 갖는 게 꿈이야.

***견습**(70쪽) 공부나 일을 배워서 익힘. '수습'과 같은 말.
***함선**(70쪽) 군함 등 배를 통틀어 가리키는 말.

표트르 1세의
*행방은?

암스테르담까지
온 건 확실한데….
그 이후로는
*오리무중이에요.

암스테르담에서 가장
고급스러운 성부터
샅샅이 뒤져 봐!
황제가 사라져 봐야
어디에 있겠어?
그런 곳은 이미
다 찾아봤죠.

두 번, 세 번! 나타날
때까지 찾아야지!
빨리빨리
움직여!
광
광

아…
알겠어요.
너무해,
정말.

*행방(72쪽) 간 곳이나 방향.
*오리무중(72쪽) 무슨 일에 대하여 방향이나 갈피를 잡을 수 없음.

그 아이들이 세상을 구경 다닌 이야기를 해 주기로 했답니다.
어린애들이지만, 아는 게 얼마나 많은지, 놀라울 정도예요!
핏!
흥! 그 녀석들보단 내가 세상 구경을 훨씬 더 많이 했을걸?
오, 그래요? 그럼….
휙
난 이만!
혹시 영국에 가 보셨나요?
프랑스는요?
가 봤지.
물론 프랑스도!
파리는 어떤가요?
그냥 그랬어.

***대륙** 지구의 겉면 중 바다를 제외한 땅. 아시아, 유럽, 아프리카, 북아메리카, 남아메리카, 오스트레일리아, 남극 대륙이 있음.

***진수식** 새로 만든 배를 처음으로 물에 띄울 때에 하는 의식.
***박식(77쪽)** 지식이 넓고 아는 것이 많음.

완전 내 스타일이야.
아고~ 이게 무슨 일이야!
큰일이다!
비틀
나 좀 어지러운 것 같아.
휘
청
콰당

하트 공주님이 어떤 사람인지 알면 그런 말 못 할걸요?
하트 공주가 뭐가 예쁘다고….

외모에 반한 게 아니니까 진정해.
씨익

세련된 몸가짐에 *박식한 데다, 야망도 큰 사람이더구나.
즉, 많은 것을 배울 수 있을 만한 사람 같았어.
틀린 말은 아닌데요….
본받는 건 좀….

다음 날

설마 우리가
아는 그 피터는
아니겠지?

존경하는 *귀빈 여러분!
'피터 앤드 폴'호의
진수식을 시작하겠습니다!

아

와

누가 견습 목수의
이름을 배 이름에
넣어 주겠어?

그러게.

펄럭

퍽

퍽

퍽

퍽

*귀빈 귀한 손님.

콰르르르르
첨벙
우아, 제대로 뜬다!
엄청 크고 멋지다!
대단해!
성공이다, 성공!

근데 피터 아저씨 어디 있지?
계속 찾았는데 안 보여.
두리번
두리번

와 줬구나!
앗!

하하하, 평소와 좀 다르지?
네, 많이요.
긁적
긁적

축하드립니다, 황제 폐하!
고맙네.

피… 피터 아저씨?
옷차림이….

***직성** 타고난 성질이나 마음씨.

*장차 앞으로 혹은 미래의 어느 때.
*강국 군사력과 경제력이 뛰어나 국제 사회에서 그 세력을 인정하는 나라.

***손꼽다** 여럿 중에서 뛰어나다고 여김.

*무안 수줍거나 창피하여 남들 앞에 떳떳하지 않음.
*변덕 이랬다저랬다 잘 변하는 태도나 성질.

저 배에다 쏴 버려!
파
안 돼! 멈춰!
앗
진수와 동시에 침몰인가요?
영차!
슈
아
아
지금이다!
표트르 1세, 이제 넌 내 거야!

표트르 1세의 서유럽 따라잡기

과거 오랫동안 몽골의 지배를 받았던 러시아는 서유럽 국가들보다 발전이 느린 상태였어요.
1721년 차르(황제)가 된 표트르 1세는 러시아가 더 발전하고 잘살려면 서유럽의 기술과 문화를
적극적으로 받아들여야 한다고 생각했어요. 그래서 신하들과 함께 독일과 네덜란드, 영국 등
서유럽 선진국을 돌며 제도와 기술, 문화 등을 체험했어요. 때로는 황제라는 신분을 숨기고 직접
배와 대포 만드는 기술을 배우기도 하고요. 이후 러시아로 돌아온 표트르 1세는 본격적으로
서유럽 따라 하기를 실천했습니다. 낡은 제도와 풍속을 뜯어고치고, 교육에 힘을 쏟았으며
곳곳에 공장도 세웠답니다. 그 결과, 러시아는 빠르게 발전할 수 있었어요.

퀴즈 서유럽을 적극적으로 배우려고 노력한 러시아의 차르는?
① 표트르 1세 ② 왕건

문화와 예술의 도시 상트페테르부르크

1713년부터 1918년까지 러시아 제국의
수도였던 상트페테르부르크는 러시아 서쪽
끝에 있는 큰 도시예요. 표트르 1세가 영국
런던, 이탈리아 베네치아 같은 도시들을
본보기로 삼아 만들었지요. 곳곳에 아름답고
화려한 건축물이 가득해서, 도시 전체가
세계 유산으로 보호받고 있을 정도예요.

성 이사악 성당

마린스키 극장

↓ 페테르고프 궁전(여름 궁전)

러시아의 황제가 된 독일의 공주

표트르 1세의 노력으로 러시아는 비로소 유럽의 강대국에 이름을 올릴 수 있게 되었어요. 이런 러시아를 한층 더 발전시킨 인물은 바로 '여제' 예카테리나 2세였습니다. 여제란 '여자 황제'를 뜻해요. 예카테리나 2세는 원래 독일 공주였는데, 표트르 1세의 손자인 표트르 3세와 결혼해서 러시아의 황후(황제의 부인)가 되었지요. 그런데 표트르 3세가 황제로서 능력이 부족하다고 판단한 예카테리나 2세는 남편을 내쫓고 자신이 황제가 되었어요. 표트르 대제에 이어 황제의 힘을 더 강하게 키우고, 서유럽의 발전한 문화와 예술을 적극적으로 받아들였으며, 러시아 땅을 동서남북으로 더 넓혔어요. 예카테리나 2세에 의해 러시아는 황금시대를 맞이합니다.

퀴즈 러시아의 황금시대를 연 여제의 이름은?
① 예카테리나 2세　② 선덕 여왕

정조, 부강한 조선을 꿈꾸다

표트르 1세처럼 나라의 발전을 위해 많은 개혁을 시도했던 왕이 우리 역사에도 있었어요. 대표적인 인물이 바로 조선의 제22대 왕, '정조'입니다. 정조는 숱한 반대와 방해를 이겨 내고 낡은 정치와 관습들을 변화시켰어요. 그 덕분에 조선은 한발 더 앞으로 나아갈 수 있었지요. 지금부터 '개혁 임금', 정조의 업적을 살펴봅시다.

규장각 설립

정조의 명으로 세워진 규장각은 나라 안팎의 책들을 모아 보관하는 왕실 도서관이에요. 역대 임금의 글이나 글씨도 이곳에 보관했고, 책을 만들고 인쇄하며, 널리 퍼뜨리는 일도 맡았지요.

금난전권 폐지

당시에는 나라에 세금과 물품을 바친 상인들만 비단·무명·명주·모시·어물·종이 등을 판매할 수 있게 했어요. '금난전권'이라고 하는데, 정조는 상업이 더 자유롭게 발전하도록 금난전권을 폐지했어요.

수원 화성 건설

수원을 군사와 상업의 새로운 중심지로 만들고자 수원 화성을 건설했어요. 철저한 계획에 따라 새로운 과학적 지식과 기술을 적극적으로 활용했지요. 모든 건설 과정을 기록한 '화성성역의궤'도 남겼어요.

퀴즈 '개혁 임금'이라 불리는 조선 제22대 왕은?
① 정국　② 정조

푸가초프의 난

***협박** 다른 사람이 어떤 일을 하도록 억지로 겁을 줌.
***소행** 이미 해 놓은 일이나 행동.

*체포 신체를 자유롭지 않게 만들어 행동의 자유를 빼앗는 일.
*지당하다 이치에 맞고 지극히 당연함.

*추적 도망하는 사람의 뒤를 쫓음.

***무례** 태도나 말에 예의가 없음.

94

*궂은일 마음에 들지 않거나 하기 싫은 일.

***억울** 아무 잘못 없이 꾸중을 듣거나 벌을 받아 분하고 답답함.
***내키다** 하고 싶은 마음이 생김.

하트 공주님은
아직 다음 목표 인물을
정하지 못한 상태야.
그런 것 같지?
끄덕
응, 솔이 네 말이
맞는 것 같아.
척

버리야, 우리 오랜만에
장난 한번 쳐 볼까?
장난?
어떻게?

엉뚱한 내용이
적힌 가짜 역사책으로
하트 공주님 일당을
*골탕 먹이는 거지!
휙

오~ 재미있겠는데?
그럼 역사 인물들도
지킬 수 있잖아!
그럼 너도
찬성한 거다?

일단 여기서
나가자.
슬금
슬금

***골탕**(96쪽) 한꺼번에 심하게 당하는 손해나 곤란.

아무 책이나 대충 집어 올 줄 알았는데 제법 잘 찾아왔군.

공주님의 분부인데 대충이라니요!
조심
공손

탁
하지만!

너무 늦었잖아! 내가 얼마나 지루했는지 알아? 아냐고?
버럭
으읔!

*풀리다 생겼던 감정이 약해지거나 부드러워짐.

***정점** 진행이나 발전이 최고 수준인 상태.
***여제** 여자 황제.

*대제 '황제'를 높여 가리키는 말.

*조언 어떤 사실을 깨우치도록 말로 거들어서 도움을 줌.
*보좌관 자기보다 더 높은 사람을 돕는 일을 맡은 직책.

*티타임 teatime. 차를 마시며 잠시 휴식을 취하거나 대화를 나누는 시간.
*대우 예의를 갖추어 대하는 일.

***반란** 나라나 지도자에 반대하여 큰 싸움을 일으킴.

***신입** 어떤 모임이나 단체에 새로 들어옴.

후~ 좋다!
휴가가 따로
없구나!
우리가 푸가초프를
만날 때까지도…
타박
타박
하트 공주 일당은 아마
궁전에서 계속 푸가초프를
찾아 헤매고 있을걸?

이렇게 여유롭게
임무 수행을 하는 건
처음인 것 같아.
덜컹
덜컹

역시 머리를
써야 해!
짝

?
워~ 워~ 멈춰라.

미안하지만
내려 줘야겠다,
얘들아.

***무기** 전쟁이나 싸움에 사용되는 기구.

*도적 남의 물건을 훔치거나 빼앗는 짓을 하는 사람. 도둑.

*이끌다 목적하는 곳으로 바로 가도록 같이 가면서 따라오게 함.

*눈썰미 한두 번 보고 금방 그대로 해내거나 기억하는 재주.
*자질 타고난 성품이나 소질.

푸가초프 (1726년경~1775년)

러시아의 영토 확장 전쟁에 오랜 기간 참여한 군인이었어요. 병으로 군대를 나오게 됐는데, 여러 지역을 떠돌며 농노들의 비참한 생활을 목격했지요. 이후 표트르 3세를 자칭하며 자신을 따르는 무리와 함께 반란을 일으켰어요. 농노제를 없애고 세금을 줄여 달라는 그의 주장은 농민들의 환영을 받으며 순식간에 각지로 퍼졌지요. 반란군은 한때 카잔·펜자·사라토프 등 여러 도시를 함락할 정도로 기세가 좋았지만, 얼마 지나지 않아 예카테리나 2세가 보낸 군대에 진압되고 말았어요. 푸가초프도 모스크바로 끌려가 죽임을 당했어요.

*몰골 볼품없는 모양새.

공주님이 이렇게 빨리 여길 찾아올 줄은 몰랐어.
푸가초프가 위험해!

워워~ 진정해. 푸가초프 님은 지금 안전하시니까.
하트 공주는 없어. 여긴 우리끼리 왔다고.

방금 푸가초프 '님' 이라고 말한 것 같은데… 내가 잘못 들은 거야?
제대로 들었어.

우린 이제 하트 공주 대신, 푸가초프 님의 부하가 되기로 했어!
끄덕 끄덕

정말?
푸가초프 님은 마치… 봄날의 햇살 같은 존재시지.
영웅이지, 영웅!
어쩌다가? 이유가 뭐야?

*지주 땅의 주인.
*헌신 몸과 마음을 바쳐 있는 힘을 다함.

그러다 우연히 푸가초프 님을 만났고….
푸가초프 님은 우리에게 한줄기 빛이 된 거야.
쩌렁
토지는 귀족의 것이 아닙니다. 농사짓는 농민의 것입니다!
토지와 자유를 위해 싸웁시다!
그 누구도 우리를 지배할 순 없어요!
옳소!
*구구절절 맞는 말이야!

1773년, 푸가초프 님이 처음 반란을 일으켰을 때 반란군은 80여 명에 불과했지만, 이제는 2만 명이 훌쩍 넘지! 군대와 맞서도 두렵지 않다고!
반란군을 막으러 온 진압군마저 푸가초프 님에게 *감화되어 스스로 반란군이 될 정도라니까!
와아
와 와아

*구구절절(114쪽) 말 한 마디 한 마디마다.
*감화(114쪽) 좋은 영향을 받아 생각이나 감정이 바람직하게 변화함.

***자업자득** 자기가 저지른 일의 결과를 자기가 받음.

가로와 세로를 나에게 다시 돌려주면 푸가초프는 포기할게. 진짜야! 약속해!

두 사람은 물건이 아니에요. 돌아가는 건 두 사람 마음이라고요.

그럼 저대로 둘 거야?
자칫 역사가 바뀔지도 모르는데?
척
너희가 제일 무서워하는 거잖아!

모모야, 그건 공주님 말이 맞아.
그래, 저 둘을 계속 인간 세계에 두면 안 돼.
아차!

좋아요, 공주님을 도울게요.
대신….
또 뭐가 필요한데?
푸가초프도 포기하고 다른 약속도 해 줘요.

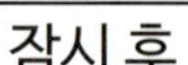

*여부 그러함과 그러하지 않음.
*이틀 하루가 두 번 있는 시간의 길이.

*성의(118쪽) 정성스러운 뜻.
*무르다(118쪽) 이미 한 일을 그 전의 상태로 돌림.

무슨 선물인지
미리 말해 주시면
안 될까요?
에이~ 그럼
재미없지!
아잉~ 너무
궁금해용~!
웅
웅
웅
웅
다
다
다

저 분위기…
적응 안 되는 건
나뿐이야?
나도
그래.
사실
나도.

자, 그럼
우리도 슬슬
돌아가자!

이번엔 일이 생각보다
쉽게 끝난 것 같아. 그치?
가로세로와
하트 공주님의 새로운
모습도 발견했고!
웅
웅
탁 탁
탁

끼
이
익
푸가초프 님이
사라졌다!

곧 전투가 시작되는데
어디 가셨지?
어서
찾아야 해!

웅
성
설마 혼자서
도망친 건가….
그럴 리
없소!
어… 어떻게
된 거지?
웅
성
아무래도
우리….

공주님에게
또 속은 것 같아.
털
썩

농노, 비로소 자유를 얻다

여제 예카테리나 2세에 이르러 러시아는 전성기를 맞이해요. 영토는 넓어졌고, 문화적으로도 큰 발전을 이루었지요. 그런데 이런 영광과 혜택을 누리는 사람은 황제와 귀족들이 전부였어요. 당시 러시아 국민 대부분을 차지하는 농민들은 예전과 똑같이 가난한 생활을 하고 있었답니다. 농사지을 땅을 황제와 귀족이 모두 차지하고 있었기 때문이에요. 농민들은 지주, 즉 땅의 주인이 시키는 일이라면 뭐든 해야 했지요. 이런 농민의 생활은 노예와 다름없어서 '농노'라고 불렀어요. 비참한 생활을 견디다 못한 농민들은 1773년에 '푸가초프'를 앞세워 반란을 일으키기도 했어요. 러시아의 농노 제도는 이후에도 한참 유지되다가 1861년이 되어서야 사라집니다.

퀴즈 지주로부터 땅을 빌려 농사짓던 농민들을 가리키던 말은?
① 농노 ② 귀족

민중의 삶을 다룬 러시아 문학가들

러시아 문학은 세계적으로 유명해요. 특히 19세기에 뛰어난 작가와 작품이 많이 등장했는데,
혼란스러운 러시아 사회와 고통받는 민중의 모습을 사실적으로 묘사한 작품들이 유명하지요.
이 시기, 러시아를 대표하는 작가와 그들의 작품들을 만나 봅시다.

푸시킨 (1799년~1837년)

러시아의 역사 깊은 귀족 집안에서 태어난 시인이자 소설가예요.
농노제와 전제 정치를 있는 그대로 묘사한 《예브게니 오네긴》,
푸가초프의 난을 다룬 역사 소설 《대위의 딸》이 대표작이지요.
사실적인 러시아 문학의 기초를 닦은 '러시아 문학의 아버지'랍니다.

도스토옙스키 (1821년~1881년)

19세기 러시아 문학을 대표하는 세계적인 소설가이자 사상가예요.
농업 중심의 옛날 사회에서 근대 자본주의가 들어서는 혼란스러운
러시아를 주로 묘사했어요. 《카라마조프의 형제들》, 《죄와 벌》이
대표작이에요. 20세기 사상과 문학에 큰 영향을 끼친 인물이에요.

톨스토이 (1828년~1910년)

19세기 러시아 문학의 또 다른 거장이에요. 자신도 귀족이면서 귀족
계급을 비판하는 작품을 써서 출판을 금지당하기도 했어요. 대표작
《전쟁과 평화》, 《안나 카레니나》 등은 이후 발표된 문학 작품들 뿐만
아니라 정치에도 큰 영향을 주었어요.

유럽을 뒤흔든 농민들의 반란

서유럽에서는 중세 이후부터 농노제가 점차 사라졌어요. 도시가 커지고 상공업이 발달하면서 많은 농민이 도시로 떠났기 때문이에요. 일부는 돈을 주고 농노 신분에서 벗어나기도 했지요. 농사지을 사람이 부족해지자, 남아 있는 농노들도 이전보다 좀 더 나은 대우를 받게 되었어요. 노예보다 자유민에 더 가까워졌고, 처음으로 자유와 권리를 맛보게 됩니다. 그러던 1358년, 프랑스에서 '자크리의 난'이라는 농민 반란이 일어나요. 1381년 영국에서도 와트 타일러라는 사람이 농민을 이끌고 반란을 일으키지요. 두 사건 모두 귀족들이 농민에게 더 많은 세금을 요구한 것이 발단이었습니다. 그런데 사실, 귀족들의 이런 행동은 과거에도 숱하게 있었어요. 달라진 것은 바로, 농민의 반응이었습니다. 농민들은 모처럼 얻은 자유와 권리를 지키기 위해 격렬하게 투쟁했어요. 자칫하다간 예전으로 돌아갈 것이 분명했으니까요.

동학 농민 운동이 일어나다

퀴즈 동학 농민 운동을 이끈 지도자는?

① 톨스토이 ② 전봉준

레닌의 사회주의 혁명

*청하다 어떤 일을 이루기 위하여 남에게 부탁함.
*배신감(127쪽) 믿음이나 의리의 저버림을 당한 느낌.

모모가 저렇게
화내는 거 처음 봐.
믿고 도와준
우리에게 어떻게
이럴 수 있어?
잠시나마 믿었는데,
*배신감이 크겠지.
화르르

팟
잠시 후

덜컹
덜컹
여긴 어디지?
창고인가?
기차의
짐칸같아.

***승객** 차, 배, 비행기 등의 이동수단을 타는 손님.
***편성** 어떤 내용을 엮어 모아서 계획을 세움.

블라디미르 레닌 (1870년~1924년)

러시아의 사회주의 혁명을 이끈 지도자예요. 황제 암살 계획에 참여했던 친형이 처형당하면서 자신도 혁명 운동에 뛰어들었지요. '혁명으로 자본주의의 모순을 극복해야 한다'는 '마르크스주의'를 연구하며 사회주의 정당을 만들려다가 시베리아로 유배되었어요. 이후 노동자에 의한 혁명을 주장하여 러시아에서 추방당하지만, 독일 등 해외에서 정치 신문을 만들며 계속 영향력을 발휘했어요. 1917년, 2월 혁명으로 들어선 임시 정부에 국민의 불만이 커지자 러시아로 돌아와 10월 혁명을 성공시켰고, 최초의 사회주의 국가 소련을 세웠어요. 공산주의 사상에 큰 영향을 끼친 인물입니다.

*배치하다 사람이나 물자 따위를 일정한 자리에 알맞게 나누어 둠.

***아예** 일시적이거나 부분적이 아니라 모두 다.
***봉인** 어떤 모양이나 상태를 바꾸지 못하도록 하는 것.

하트 공주 일당이 이쪽 칸으로 넘어온다는 건….
앞 칸에는 공주님이 노리는 사람이 없다는 뜻이 아닐까?

난 왠지 세로가 '봉인'이라고 말했던 게 *거슬려.
그게 왜?

역사적으로 문을 봉인했던 열차가 딱 한 대 있었거든.

1917년, 스위스에서 러시아로 향하던 293호 열차!
러시아의 혁명가 레닌이 타고 있었어!
하트 공주가 레닌을 노리는구나!

*거슬리다(132쪽) 순순히 받아들여지지 않고 언짢은 느낌이 들며 기분이 상함.
*통제 일정한 계획이나 목적에 따라 행위를 제한하거나 제약함.

***요란스럽다** 시끄럽고 떠들썩한 데가 있음.

***기특하다** 말하는 것이나 행동하는 것이 신통하여 귀염성이 있음.

잠시 후

그러니까, 마법을 쓰는 어떤 공주가 나를 노린다는 말이지?
선뜻 믿기 어렵겠지만….

아니다, 믿으마.
이렇게 쉽게요?
의왼데?

지금 러시아에서는 이것보다 더 믿기 어려운 일들도 벌어지니까.

19세기를 지나며 러시아의 자본주의는 빠르게 성장했어.
특히 광물 채굴, 철강 생산, 운송, 제조 등의 중공업 분야는 서유럽에도 뒤지지 않게 되었지.

*비참하다 더할 수 없이 슬프고 끔찍함.
*착취 노동에 대한 정당한 대가를 주지 않고 일을 시키는 것.

***평등** 권리, 의무, 자격 등이 차별 없이 고르고 한결같음.

*전복 사회 체제가 무너지거나 정권 따위를 뒤집어엎음.
*탈취 빼앗아 가짐.

***찬양(141쪽)** 어떤 대상의 아름답고 훌륭함을 크게 칭찬하고 드러냄.

1905년 1월 22일 일요일, 30만 명의 노동자와 농민들이 상트페테르부르크 황궁으로 행진하기 시작했어.
황제를 *찬양하는 노래를 부르면서 평화롭게 말이야.
사람들은 평화적인 방법으로 문제가 해결되리라 굳게 믿고 있었지.
황제 폐하가….
해결해 주실 거야!
하지만 황제는 휴가 중이었고, 군대는 총을 쏘며 시민들을 흩어지게 했어.
희망에 부풀었던 일요일은 붉은 피로 물들고 말았어.
탕
타 타 타 탕
이게 바로 1905년 러시아 제국에서 발생한 '피의 일요일' 사건이야.

나는 그 소식을 듣고 급히 러시아로 돌아왔어. 혁명의 기회였거든.
하지만 결국 실패했어. 피의 일요일 사건 이후, 정부의 감시와 압박이 더 심해졌기 때문이지.

결국 다시 러시아 밖으로 떠나게 되었어.
후

근데 지금 또 러시아로 돌아간다는 말은 곧…….
그래, 맞다.

또 한 번 혁명의 기회가 찾아왔어!
바로, 2월 혁명!

덜컹
덜컹
소식을 들어 보니 이번에는 시민들을 진압하러 왔던 군인들마저 시민들의 편이 되었다고 해.
니콜라이 2세는 결국 폐위당했고…. 이제 러시아 제국은 멸망한 셈이지.

지금은 멘셰비키를 중심으로 임시 정부가 구성됐지만, 나에게도 기회가 있을 거야.
그 기회, 내가 주지!

블라디미르 레닌!
이제 넌 나를 위해 일하게 될 거다!
콰앙
헉!

?
내 부하가 된다면 말이야.
!

*허튼수작 쓸데없이 함부로 하는 말이나 행동.
*제압하다 위력이나 위엄으로 세력이나 기세 따위를 억눌러서 통제함.

***실례하다** 말이나 행동이 예의에 벗어남. 상대의 양해를 구하는 인사로 쓰는 경우가 많음.

꺄아악!
아이코!
역도 없는 곳에 왜 멈추는 거야?
우당탕

이때다! 열려라, 시간의 문!

앗… 안 돼!

데굴
데굴 데굴
우릴 어디로 보내는 거야!

됐다, 성공이야!
뿌웅 뿍
치익
치이익
봉인 열차, 다시 출발합니다!

모두 끝난 거니?
마법을 쓰는 공주는
이제 사라진 거야?

네!
하지만….
끝난 게
아니죠.

혁명은 이제
시작이니까요!
그래!

빠
아앙

독일 자스니츠 항구
여기서 난 배를 타고
스웨덴과 핀란드를 거쳐
러시아로 갈 거야.
안녕히
가세요!
지켜 줘서
고마웠다!
원하는 바,
꼭 이루시고요.

레닌은 러시아에 무사히 도착할 수 있으려나?
하트 공주님이 또 방해하지만 않는다면!
뿌우

참! 근데 레닌이 탄 열차는 왜 봉인되어 있었던 거야?
아직도 이유를 모르겠어.

레닌의 봉인 열차 이동 경로
스위스 취리히에 망명 중이던 레닌이 러시아로 가려면 반드시 독일을 지나야 하는 상황이었어.
스웨덴
노르웨이
핀란드
러시아
영국
독일
폴란드
스위스
프랑스
문제는, 이 당시에 러시아와 독일 양국이 적대국이었다는 것!

하지만 독일은 선뜻 레닌이 탈 특별 기차를 내어 주고, 독일 땅을 통과하게 해 줘.
왜?

레닌이 러시아로 돌아가면 독일에도 유리했거든.

레닌이 혁명을 일으키면 러시아는 혼란스러워질 것이 분명했으니까!
투닥
투닥
잘한다! 너희끼리 계속 싸워!

레닌과 독일이 서로 원하는 바가 맞아떨어졌구나.
근데 한편으로 레닌은….

독일 정부의 도움을 받은 사실이 알려지면 첩자로 오해를 받을 수 있는 상황이었겠지?

단단히 잠그자.
그래서 독일과 협력이 전혀 없었다는 것을 보여 줘야 했어.
그 방법이 바로 열차의 문을 봉인하는 것이었지. 독일과 서로 약속하에 말이야.

…우리는 자유주의 국가가 아닌, 프롤레타리아 독재 체제를 만들어야 할 것입니다!
자유주의, 민주주의, 부르주아를 일절 거부하는 국제 혁명이 필요합니다!
와
와
와
와
아
아

후후, 녀석들이 직접 연 시간의 문이 우리를 레닌의 도착지로 안내할 줄이야!

어서 레닌을 잡으시죠. 지금이 기회예요!

아니, 방금 새로운 목표를 발견했어.
씨익

계획을 변경한다!

노동자와 농민의 나라를 향해

1914년 제1차 세계 대전이 일어나자, 러시아 황제 니콜라이 2세는 무작정 전쟁에 뛰어들었어요.
이 때문에 궁핍하던 러시아 국민의 생활은 더 어려워졌지요. 1917년 2월, 참다못한 노동자들이
전쟁을 멈출 것과 황제가 물러날 것을 요구하는 시위를 일으켰어요. 황제는 군대를 보내 시위를
막으려 했지만, 군대마저 노동자들의 편을 들었지요. 이 사건으로 황제가 물러나고 새로운 임시
정부가 들어서게 됩니다. 이를 '2월 혁명'이라고 해요. 그런데 임시 정부는 국민의 기대와 달리
전쟁을 계속했고, 개혁의 속도도 더뎠어요. 결국 같은 해 10월에 다시 혁명이 일어나게 되지요.
이때 혁명을 이끈 사람이 레닌이었어요. 10월 혁명으로 러시아에는 혁명 정부가 수립됩니다.

퀴즈 러시아의 '10월 혁명'을 주도한 사람은?
　① 레닌　② 니콜라이 2세

소련이 탄생하다

레닌의 혁명 정부는 국민의 바람대로 즉시 전쟁에서 손을 뗍니다. 토지를 농민에게 나눠 주고, 모든 산업 시설을 나라의 것으로 만들었으며, 신분제를 없애는 개혁도 시행했어요. 그런데 모든 국민이 여기에 찬성하는 것은 아니었어요. 게다가 미국과 영국은 사회주의 세력이 커지는 것을 막으려고 다방면으로 간섭했지요. 결국, 러시아는 나라 안에서 편을 나눠 전쟁을 치르게 됩니다. 이때 러시아의 경제는 또 한 번 파탄에 이르지만, 다행히 새로운 경제 정책으로 위기를 벗어나요. 1922년, 비로소 정권을 안정시킨 레닌은 러시아 주변의 소비에트 정부들을 묶어 역사상 최초의 사회주의 국가인 '소비에트 사회주의 공화국 연방(소련)'을 수립했어요.

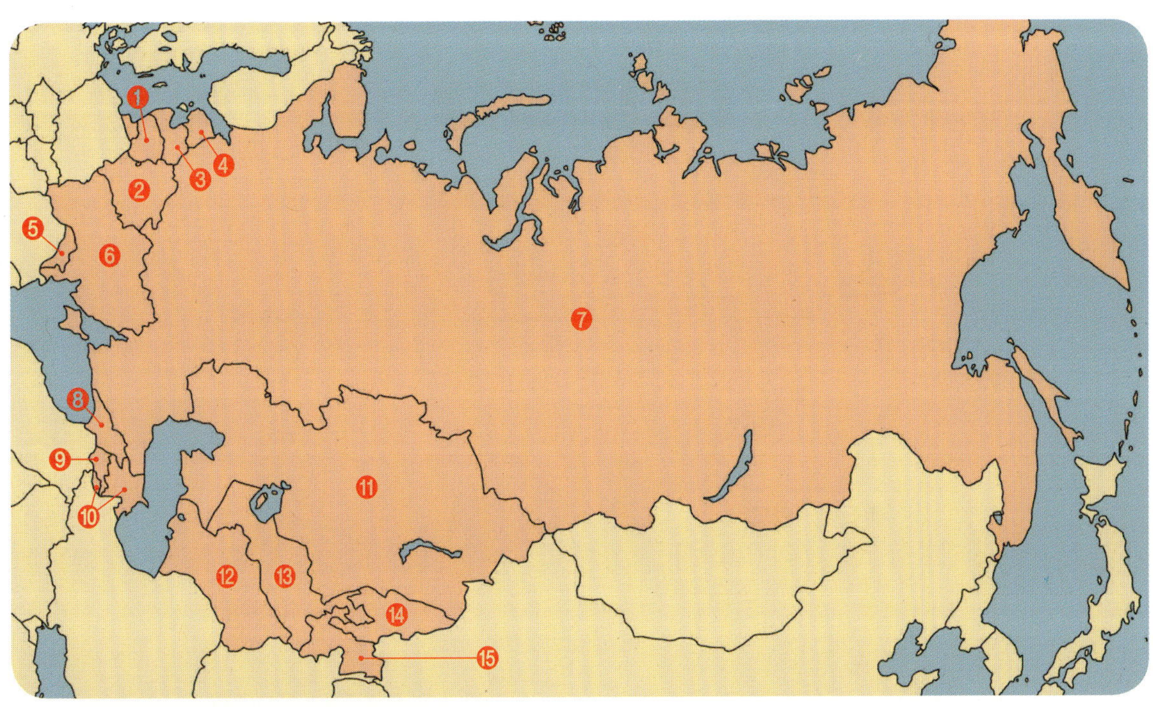

세계 곳곳으로 퍼진 사회주의

소련은 사회주의를 세계에 널리 퍼뜨리기 위하여 '코민테른(국제 공산당)'을 만들었어요.
소련 공산당을 중심으로 각국의 공산당이 서로 단결하고 사회주의를 선전하는 일을 하는
국제적인 조직이었지요. 사회주의는 곧 세계 곳곳으로 퍼지기 시작했습니다.

최초의 여성 노동 운동가 강주룡

스탈린의 공포 정치

*굳이(157쪽) 고집을 부려 구태여.

하트 공주님이
어디로 갔는지
한번 볼까?

찾았다!
발자국이
사라지기 전에
서두르자.

근데,
모모.
톡 톡

마법 안경은 *굳이
안 써도 되겠어.
끄덕 끄덕
그럼 발자국이
보이지 않잖아?

어차피 길이
하나뿐인걸?
하트 공주님과
가로세로는 분명
저 집으로 갔어.
그…
그러네.

*급사 잔심부름을 시키기 위하여 부리는 사람.

요즘 들어 레닌 선생님의 건강이 부쩍 악화했어.
부웅
그래서 아침마다 마음이 조급하단다.

아, 이분은 레닌의 주치의였구나!

그동안 레닌에게 무슨 일이 있었던 거지?
하트 공주님에게 붙잡히진 않았지만, 상태가 썩 좋은 것 같진 않네.

여긴 '고르키'라는 지역이고, 지금은 1924년이야.
우편물에 적혀 있어.

고르키는 레닌이 세상을 떠나기 전, 마지막 *여생을 보낸 곳이야.

***여생** 앞으로 남은 인생.

*해체 단체 따위가 흩어짐. 또는 그것을 흩어지게 함.
*국유화 나라의 소유가 됨.

***수립** 국가나 정부, 제도, 계획 따위를 이룩하여 세움.

맞아요. 병든 레닌은 포기하고 차라리 다른 인물을….

누가 레닌을 데려가겠대? 난 진작부터 다른 사람을 점찍어 뒀다고.

엥? 정말요?
그게 누군데요?

바로 이 사람, 스탈린이야. 레닌의 *휘하의 볼셰비키 출신 정치인이지.
훗날 소련을 세계 최강대국 반열에 올린 인물이야.
척

스탈린 (1878년~1953년)

소련의 공산주의 혁명가이자 노동 운동가예요. 성직자를 꿈꿨지만
일찌감치 볼셰비키 혁명 사상에 빠져 공산주의 운동가가 되었어요.
1924년에 레닌이 세상을 떠나자 그의 후계자로서 1953년까지 소련
공산당의 최고 권력자로 군림했어요. 제2차 세계 대전 중에는 미국·
영국·프랑스 등과 연합해 소련을 승전국으로 만들었고, 이후 여러
차례의 경제 개발 계획으로 공업을 크게 발전시켰어요. 이를 바탕으로
미국에 대항하는 냉전의 중심인물이 되었지요. 그러나 권력을 지키기
위해 무자비한 탄압을 저지른 악랄한 독재자이기도 했습니다.

*휘하(162쪽) 높은 사람의 지휘 아래. 또는 그 지휘 아래에 딸린 부하.
*병석 병자가 앓아누워 있는 자리.

*전당 대회 정당이 개최하는 전국적인 대표자들의 모임.
*문건 국가나 사회에 관계되는 문서나 서류.

놀랍구나. 전혀 변하지 않았어!

난 이렇게 병들고 약해져 버렸단다.
쿨럭
쿨럭

꼭 다시 건강해질 거예요.
고맙다.

우선 이 편지를 *마저 쓰고 이야기하자꾸나. 마침 오늘은 찾아올 사람도 없거든.

우리가 여길 지키고 있으면 공주님도 어떻게 할 수 없겠지?
그럴 거야.

***마저** 남김없이 모두.

***호전적** 싸우기를 좋아하는 것.
***아량** 너그럽고 속이 깊은 마음씨.

그때 내가 스탈린 앞에 짜잔~! 하고 나타나는 거야.
그런 다음에는요?

이 위대한 하트 공주의 부하가 되라고 설득해야지!
나를 도와 이상한 나라를 초초강대국으로 만들자고 말야.
둥
실

탁
탁
사뿐
지금쯤 편지를 다 썼을 테니 슬슬 가지러 가 볼까?

앗! 도서관 녀석들이에요!
어떡하죠?

나한테 좋은 생각이 있어!

***촉박** 미리 정한 시기가 바싹 닥쳐와서 가까움.

좋아요, 들어가세요.
철컥
고맙소.

탁

자… 잠깐만! 아까 레닌 아저씨가 오늘은 손님이 없다고 말했어!
그럼 방금 들어간 사람들은…

으아악!
당신들 대체 누구야?

콰
앙
괜찮으세요, 레닌 아저씨?

***예상** 어떤 일을 직접 당하기 전에 미리 생각하여 둠.

* **역력하다** 자취나 기미, 기억 따위가 환히 알 수 있게 또렷함.
* **모욕** 깔보고 욕되게 함.

***통치자** 일정한 나라나 지역을 도맡아 다스리는 사람.

*장악 손안에 잡아 쥔다는 뜻으로, 무엇을 마음대로 할 수 있게 됨을 이르는 말.
*회담 어떤 문제를 가지고 거기에 관련된 사람들이 한자리에 모여서 토의함.

174 **＊전체주의** 개인의 모든 활동은 민족·국가와 같은 전체를 위해서만 존재한다는 이념 아래 개인의 자유를 억압하는 사상.

회담이 끝났다!
정상들이 나오고 있어!
저쪽이다!
웅성
웅성 웅성

다음 회의는 언제인가? 잠시 숨 돌릴 시간은 있겠지?
저벅 저벅

왜 내 말에 아무도 대답하지 않는 것인…
휙

어… 어떻게 된 거야? 왜 이런 거지, 다들?
동상처럼 굳어 버렸잖아?
움찔

*양분(177쪽) 둘로 가르거나 나눔.
*독재(177쪽) 특정한 개인이나 단체가 모든 권력을 차지하여 모든 일을 마음대로 처리함.

*유배 죄인이 일정 기간 먼 시골이나 섬 등에서만 살도록 보내던 일.
*거역 윗사람의 뜻이나 지시 따위를 따르지 않는 일.

*존경 남의 인격, 사상, 행위 따위를 받들어 공경함.

*다가가다 어떤 대상 쪽으로 가까이 감.

탕

스스스스
내… 내 카드가…!
내가 힘들게 모은 카드에
구멍이 생기다니!

됐다! 전혀 예상 못한
전개이긴 하지만.
역사 인물들이 모두
제자리로 돌아가면
성공인 거지 뭐!
짝

안 돼,
돌아와!
슈 아 아 아

이상한 나라
다녀왔습니다, 관장님!
아무도 없는데? 관장님이 어디 가셨나 봐.
낮에 도서관을 비우실 리 없는데….

돌아왔구나! 수고했다.
웅
웅
어? 관장님 어디 다녀오세요?

오랜만에 톨스토이를 만나 수다를 좀….
아차차!
웅 찔

관장님도 마음대로 시간의 문을 이용하고 계셨던 거예요?
들켜 버렸군. 미안하다, 미안해!
그럼 모모가 받기로 했던 벌은 없었던 걸로!
LIVE 세계사 14 러시아 편 끝.

소련, 미국의 맞수가 되다

1945년, 제2차 세계 대전이 끝났어요. 전쟁을 치르는 동안 미국과 소련은 초강대국으로 성장해 세계 질서의 새로운 축이 되었지요. 두 나라는 전쟁 기간 중 연합국으로서 협력했지만, 이후부터 서로 경쟁하며 대립했어요. 세계 곳곳에 미국은 자본주의를, 소련은 사회주의를 뿌리내리게 하려고 했기 때문이에요. 그 결과, 서유럽에서는 미국의 영향력이 커졌고, 동유럽에서는 소련의 영향 아래 사회주의 국가들이 등장했어요. 이 당시 미국과 소련은 무기를 들고 직접적인 전쟁을 벌이지는 않았지만, 경제·외교·과학 등 모든 분야에서 갈등을 일으키며 위기감을 만들었어요. 그래서 이 시기를 '차가운 전쟁'이라는 뜻의 '냉전'이라고 표현합니다.

퀴즈 미국과 소련이 이끄는 두 진영의 대립을 가리키는 말은?
① 냉전 ② 냉방

러시아가 가진 최고·최초의 기록

세계에서 가장 넓은 국토

러시아의 국토 면적은 17,098,250㎢로 세계에서
가장 넓어요. 한반도 면적의 76배가 넘는 크기지요.
10개 이상의 국가와 국경을 접하고 있으며, 러시아
안에서도 시차가 11시간 이상 날 정도라고 해요.
석유와 천연가스, 각종 광물 자원도 풍부해요.

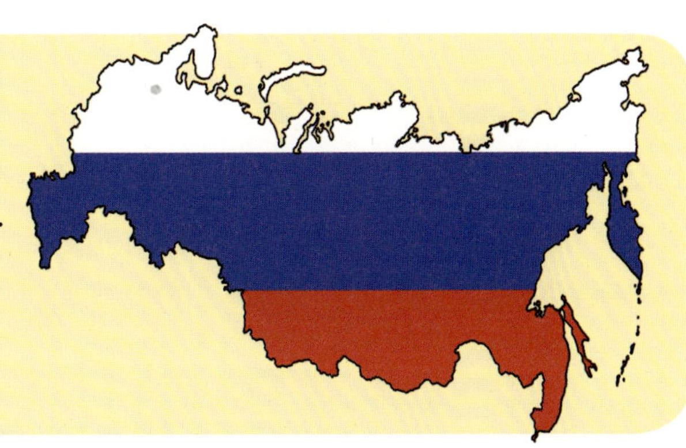

세계에서 가장 긴 철도

수도 모스크바에서 동쪽 끝에 있는 도시인 블라디보스토크를
잇는 시베리아 횡단 철도는 세계에서 가장 긴 철도 노선이에요.
지구 둘레의 1/4에 가까운 9,288km를 꼬박 일주일간 달리며
850개가 넘는 역을 거치지요. 오늘날 전 세계 수많은 여행가가
찾는 러시아의 명물이에요.

인류 최초의 인공위성과 우주 비행

1957년, 소련은 인류 최초로 인공위성 발사에 성공해요.
1959년에는 최초의 달 탐사선 '루나 1호'를 발사했고, 2년 뒤인
1961년에는 소련인 유리 가가린이 인류 최초로 우주 비행까지
성공하지요. 이 일로, 당시 소련보다 늘 한발 앞선 과학 기술을
가졌다고 자부하던 미국인들은 큰 충격을 받았다고 해요.

세계에서 가장 유명한 컴퓨터 게임

1984년 소련의 프로그래머 알렉세이 파지트노프가 개발한
'테트리스'는 네 개의 사각형으로 이루어진 일곱 가지 모양의
블록을 쌓는 퍼즐 게임이에요. 누구나 쉽게 즐길 수 있고,
중독성도 대단해서 순식간에 전 세계로 퍼져 나갔지요. 지금도
세계에서 가장 유명한 컴퓨터 게임으로 사랑받고 있어요.

퀴즈 세계에서 국토가 가장 넓은 나라는?
① 중국　② 러시아

개혁과 개방을 외치다

소련은 모두가 열심히 일하고 똑같이 나누는 공평한 사회를 꿈꾸었지만, 현실은 전혀 달랐어요. 경제는 갈수록 나빠졌고, 자유와 개성을 인정하지 않는 사회는 점점 더 어둡고 삭막해졌지요. 1985년에 소련 공산당 서기장으로 선출된 고르바초프는 이런 위기를 극복하기 위해 정치·군사· 외교의 개혁(페레스트로이카)과 자유주의 시장 경제 체제를 일부 도입하는 개방(글라스노스트) 정책을 펼쳤어요. 그런데도 상황은 나아지지 않았고, 1991년에 소련은 결국 해체되고 맙니다.

고려인 강제 이주 사건

1937년 9월 9일 밤, 고려인 이주민을 태운 수송 열차가 러시아 동쪽 연해주의 라즈돌노예역을 출발했습니다. 유리창 하나 없는 화물칸에 짐짝처럼 실린 사람들은 한 달 동안 무려 6,500㎞를 이동했어요. 누구도 원하지 않은 강제 이주였지요. 이때 열차 안에서는 굶주림과 추위, 질병으로 많은 사람이 목숨을 잃었어요. 이런 끔찍한 일을 지시한 사람은 당시 소련의 최고 권력자였던 스탈린이었습니다. 일제 강점기, 힘없던 우리 민족은 속수무책으로 당할 수밖에 없었답니다.

퀴즈 소련에 의해 강제로 이주 당한 연해주의 우리 민족은?
① 연변인 ② 고려인

버리가 아름다운 성 바실리 성당을 찾아가려고 해요.
무사히 도착할 수 있도록 문제를 맞혀봅시다.

출발!

이반 3세는 분열된 루스 공국들을
통일하고 몽골족의 지배를 벗어나
러시아 제국의 기초를 마련했다.

표트르 1세는 서유럽이 부강해지려면
러시아의 앞선 기술과 문화를 받아들여야
한다고 생각해 적극적으로 전파했다.

푸가초프는 스스로 '표트르 3세'라고
칭하며 농노들을 이끌고 반란을
일으켰으나 결국 실패하고 말았다.

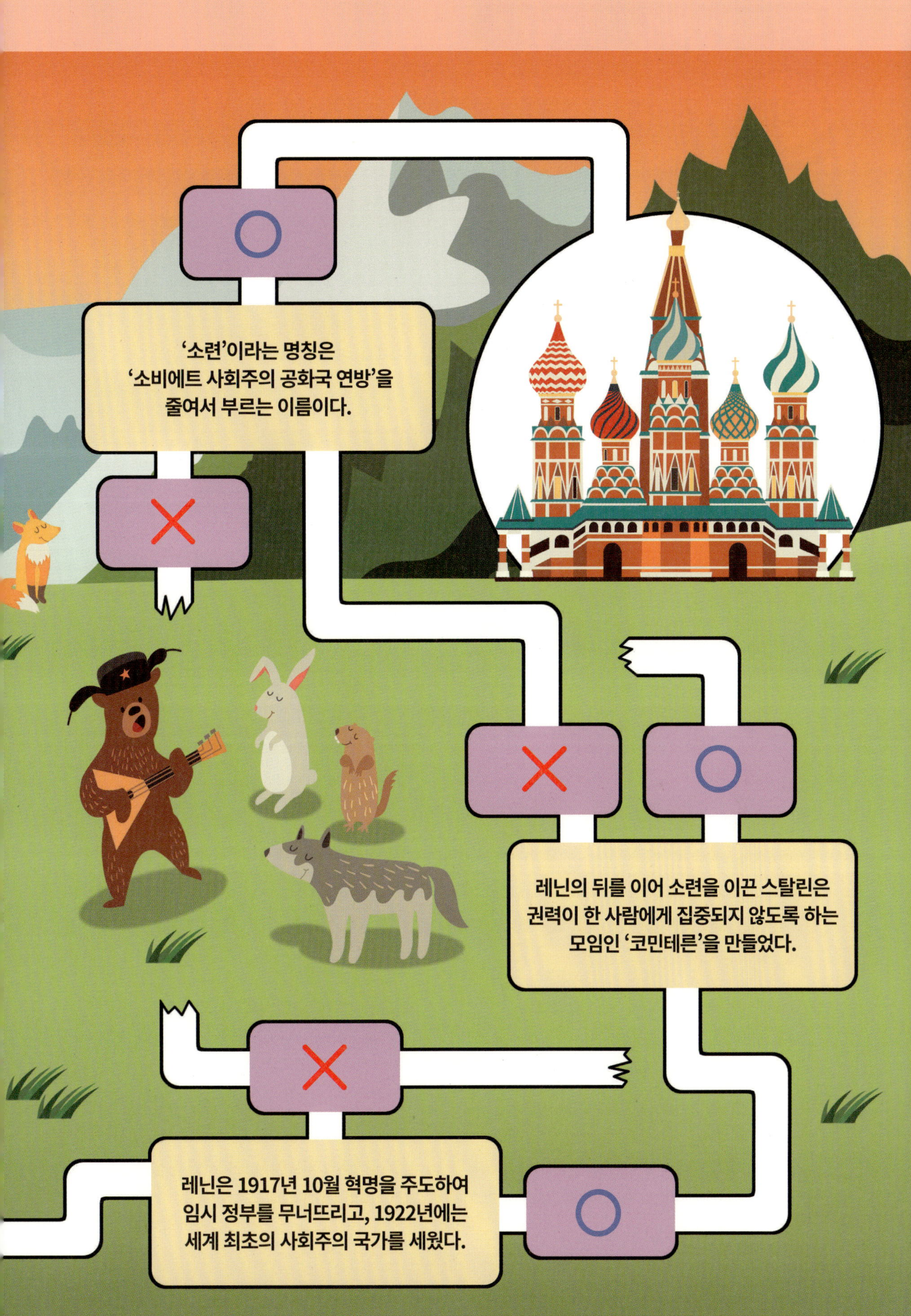

'소련'이라는 명칭은
'소비에트 사회주의 공화국 연방'을
줄여서 부르는 이름이다.

레닌의 뒤를 이어 소련을 이끈 스탈린은
권력이 한 사람에게 집중되지 않도록 하는
모임인 '코민테른'을 만들었다.

레닌은 1917년 10월 혁명을 주도하여
임시 정부를 무너뜨리고, 1922년에는
세계 최초의 사회주의 국가를 세웠다.

책을 읽고 러시아에 관해 얼마나 알게 되었나요?
러시아의 인물, 역사, 문화에 관한 문제를 풀어 빈칸을 채워보세요.

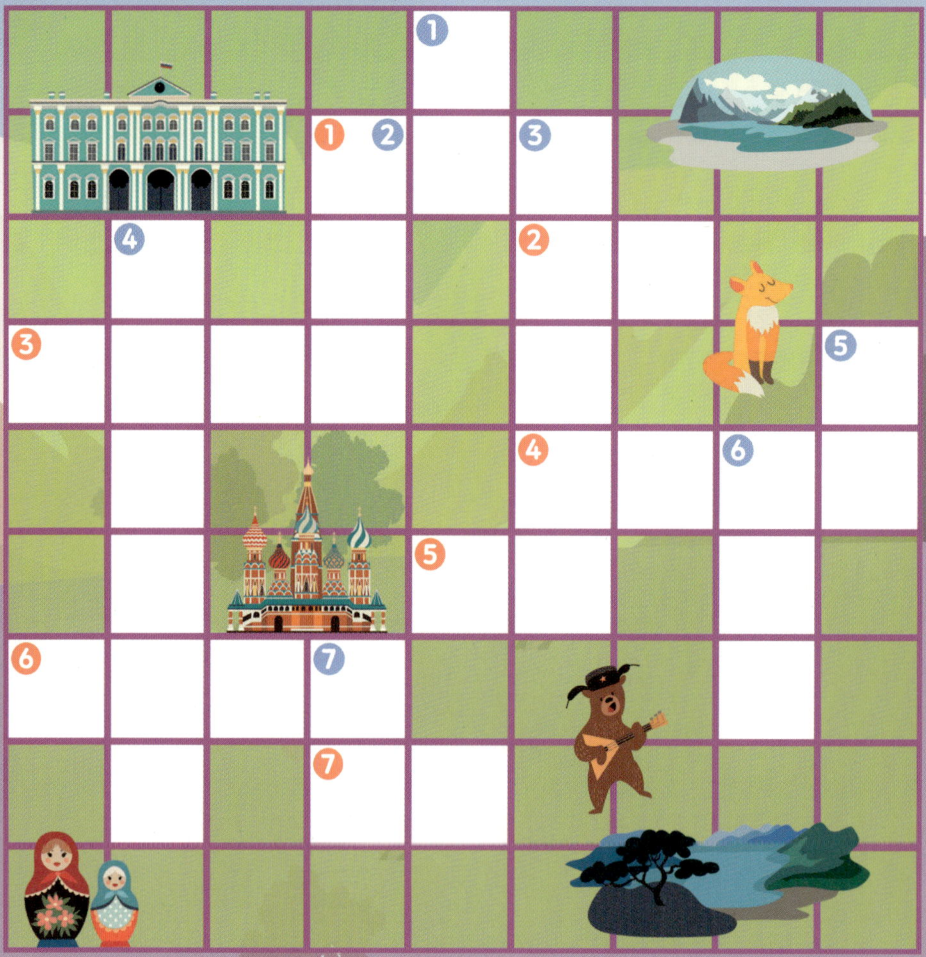

가로 문제

1. 레닌이 죽기전 여생을 보낸 지역의 이름.
2. 음악, 미술, 무용 등 아름다움을 표현하는 활동.
3. 오늘날 러시아의 수도.
4. 독재자 스탈린은 공포 분위기를 만드는 이 정치를 했다.
5. 국제적으로 군사력과 경제력이 뛰어난 나라.
6. 《전쟁과 평화》를 쓴 19세기 러시아 문학의 거장.
7. 푸가초프가 농노들을 이끌고 일으킨 것.

세로 문제

1. 러시아 제국의 황제를 가리키는 말.
2. 개혁과 개방 정책을 펼친 소련의 지도자. ○○○초프.
3. 루스 공국 중 키예프를 수도로 삼은 공국.
4. 《죄와 벌》을 쓴 러시아의 소설가이자 사상가.
5. 공산주의 기호에서 노동자를 상징하는 도구 .
6. 러시아를 대표하는 종교. 러시아 ○○○ 모스크바 공국의 대공. ○○ 3세.

러시아는 더 나은 세상을 위해 개혁을 주장한 인물이 많았어요.
어떤 인물이 어떤 일을 했는지 사다리를 타고 알아봅시다.

레닌의 뒤를 이은 소련의 지도자로, 공포 정치를 펼친 독재자예요.

분열된 상태였던 공국들을 통일해 러시아 제국의 기반을 다졌어요.

세계 최초의 사회주의 국가인 소련을 건국한 혁명가예요.

러시아의 발전을 위해 서유럽 문화와 정책을 적극적으로 들여왔어요.

1 하루 동안 모스크바를 둘러보려고 해요. 일정표의 빈칸을 채워 봅시다.

'모스크바 하루에 돌아보기' 일정표

시간	내용
08:00~12:00	아침 식사 (메뉴 : 보르시-채소, 고기 등을 넣어 끓인 수프)
09:00~12:00	'요새'나 '성'을 의미하며, 과거 차르가 살았던 모스크바의 ______
12:00~13:00	
13:00~15:00	러시아와 비잔틴 건축 양식이 혼합된 ______ 대성당
15:00~17:00	유람선 타기
18:00~19:00	저녁 식사 (메뉴 : 샤슬릭-고기, 해산물, 채소 꼬치 요리)
19:00~22:00	볼쇼이 극장에서 <백조의 호수> 발레 공연 관람
22:00~23:00	숙소로 돌아가기

2 다음 그림은 어떤 나라에서 있었던 일을 묘사한 것일까요?

① 헝가리　　　　② 우크라이나

③ 라잔 공국　　　④ 모스크바 공국

3 다음은 어떤 인물에 대해 정리한 글입니다. 이 사람은 누구일까요?

- 표트르 1세와 함께 '대제'라는 칭호를 붙이는 여자 황제이다.
- 독일의 공주였는데, 표트르 3세와 결혼해 러시아로 왔다.
- 남편인 표트르 3세를 내쫓고 스스로 황제가 되었다.

① 엘리자베스 1세　　② 예카테리나 2세

③ 클레오파트라　　　④ 빅토리아 여왕

4 러시아 등 동유럽에 아래와 같은 문화를 전한 나라는 어디일까요?

① 서로마 제국
② 비잔틴 제국
③ 노브고로드 공국
④ 오스만 제국

5 다음 인물에 대한 설명으로 알맞은 것은?

1773년 ○월 ○일
…농사를 짓는 농민이 땅의 주인이 되어야 마땅하지만, 러시아의 모든 땅은 황제와 귀족이 차지하고 있다. 농민은 높은 세금을 바치면서도 노예나 다름없는 생활을 하고 있다. 살아남기 위해서는 그들과 싸우는 수밖에 없다. 군대에서의 경험을 살려 내가 직접 농민들을 이끌고 반란을 일으키겠다.

① 전봉준　　　② 자크리　　　③ 푸가초프　　　④ 와트 타일러

6 다음 지문의 내용과 거리가 먼 사람은 누구일까요?

19세기 러시아 문학은 혼란스러운 사회와 고통받는 민중의 모습을 사실적으로 묘사한 작품들이 특히 많습니다. 농노제와 전제 정치를 있는 그대로 묘사한 《예브게니 오네긴》, 푸가초프의 난을 다룬 역사 소설 《대위의 딸》이 대표적이며, 농업 중심 사회에서 근대 자본주의가 들어서는 혼란스러운 러시아를 묘사한 《카라마조프의 형제들》이나 《죄와 벌》같은 작품들도 손꼽힙니다. 특히 《전쟁과 평화》나 《안나 카레니나》는 이후 등장하는 20세기 사상과 문학에도 큰 영향을 끼쳤습니다.

① 푸시킨　　② 도스토옙스키　　③ 차이콥스키　　④ 톨스토이

7 다음 지문의 내용과 거리가 먼 사람은 누구일까요?

긴 수염 자르기

상트페테르부르크 건설

행정 및 제도 개편

① 표트르 1세　　② 표트르 3세　　③ 예카테리나 2세　　④ 알렉산드르 2세

8 다음 글이 설명하는 인물은 누구일까요?

러시아 제국의 혁명 조직인 볼셰비키의 지도자로, 10월 혁명을 성공적으로 이끌고 1922년에는 역사상 최초의 사회주의 국가인 '소비에트 사회주의 공화국 연방(소련)'을 수립한다.

① 스탈린　　② 호찌민　　③ 김일성　　④ 레닌

9 다음 그림과 글이 설명하는 것은 무엇일까요?

세계 곳곳에 미국은 자본주의를, 소련은 사회주의를 뿌리내리게 하려고 했어요.
이 당시 미국과 소련은 무기를 들고 직접적인 전쟁을 벌이지는 않았지만,
경제·외교·과학 등 모든 분야에서 갈등을 일으키며 위기감을 만들었어요.

① 냉전 체제　　② 열전 체제　　③ 2월 혁명　　④ 공포 정치

① **성빈** : 사회주의를 완전히 포기한다는 내용이야.

② **승훈** : 미국과의 냉전 체제를 끝내기로 약속했지.

③ **제니** : 정치·경제 분야의 개혁과 개방을 추진했어.

④ **윤빈** : 가장 먼저 모든 공장과 토지를 국유화했지.

도전 세계사 놀이 퀴즈·정답 따라가기

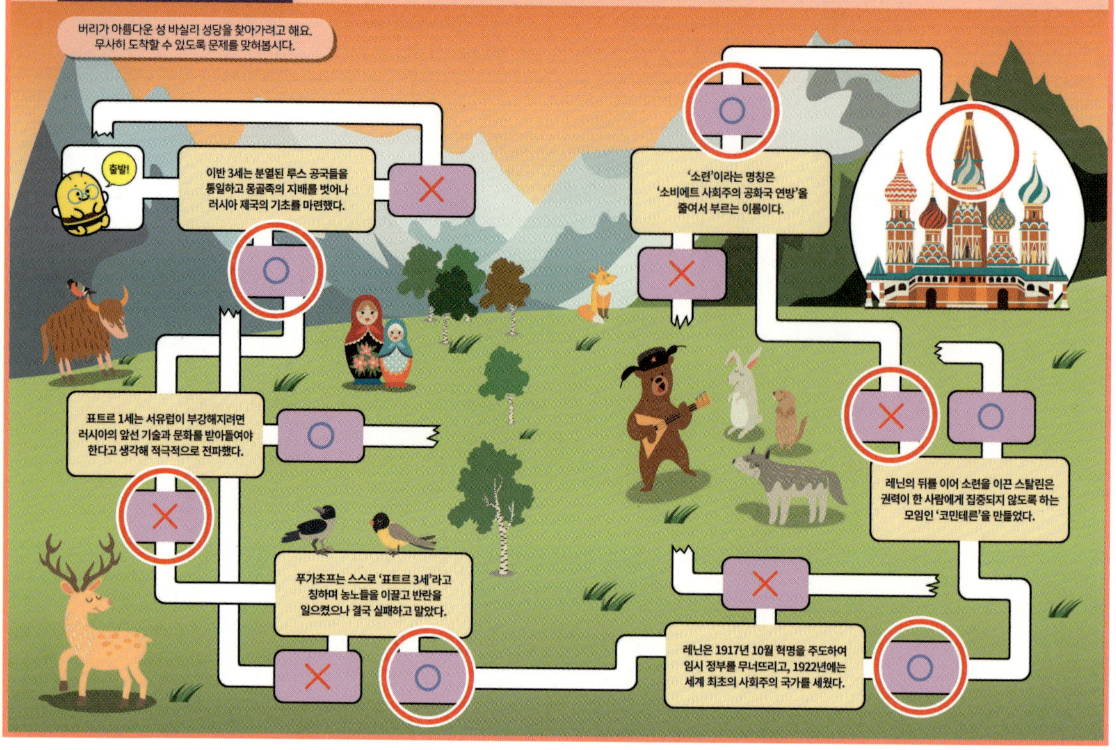

도전 세계사 놀이 퀴즈·낱말퀴즈

가로 문제
1. 레닌이 죽기전 여생을 보낸 지역의 이름.
2. 음악, 미술, 무용 등 아름다움을 표현하는 활동.
3. 오늘날 러시아의 수도.
4. 독재자 스탈린은 공포 분위기를 만드는 이 정치를 했다.
5. 국제적으로 군사력과 경제력이 뛰어난 나라.
6. 《전쟁과 평화》를 쓴 19세기 러시아 문학의 거장.
7. 푸가초프가 농노들을 이끌고 일으킨 것.

세로 문제
1. 러시아 제국의 황제를 가리키는 말.
2. 개혁과 개방 정책을 펼친 소련의 지도자. ○○○초프.
3. 루스 공국 중 키예프를 수도로 삼은 공국.
4. 《죄와 벌》을 쓴 러시아의 소설가이자 사상가.
5. 공산주의 기호에서 노동자를 상징하는 도구.
6. 러시아를 대표하는 종교. 러시아 ○○○ 모스크바 공국의 대공. ○○ 3세.

도전 세계사 놀이 퀴즈·사다리 타기

① 답 크렘린, 성 바실리

크렘린은 노브고로드와 카잔 등 몇몇 대도시에도 있지만, 모스크바 크렘린은 과거
차르가 살았던 곳으로 의미가 있다. 성 바실리 대성당은 1554년~1560년에 건립된
그리스 정교 성당으로, 러시아와 비잔틴 건축 양식이 혼합되어 있다.

② 답 ④

모스크바 공국의 이반 3세는 분열된 루스 공국을 통일하고 몽골의 지배를 벗어났다.

③ 답 ②

엘리자베스 1세와 빅토리아 여왕은 각각 16세기와 19세기의 영국 여왕이고,
클레오파트라는 고대 이집트의 프톨레마이오스 왕국의 여왕이다.

④ 답 ②

키릴 문자와 쌍두 독수리는 비잔틴 제국의 영향을 받은 것으로,
비잔틴 제국의 종교인 그리스 정교와 함께 러시아로 전파된 것이다.

⑤ 답 ③

군인 출신인 푸가초프는 농노들의 비참한 현실을 목격하고 1773년에 반란을 일으켰다.

⑥ 답 ③

《예브게니 오네긴》, 《대위의 딸》은 푸시킨,
《카라마조프의 형제들》, 《죄와 벌》은 도스토옙스키,
《전쟁과 평화》, 《안나 카레니나》는 톨스토이의 대표작이다.
차이콥스키는 〈백조의 호수〉를 작곡한 러시아의 음악가이다.

⑦ 답 ①

1721년 러시아의 차르가 된 표트르 1세는 적극적으로 서유럽 따라 하기를 실천했다.

⑧ 답 ④

스탈린은 레닌의 뒤를 이은 소련의 지도자이며,
호찌민은 베트남의 독립운동가이자 초대 주석, 김일성은 북한 초대 주석이었다.

⑨ 답 ①

열전은 냉전의 반대 의미이며, 2월 혁명은 레닌의 10월 혁명이 일어나기 전, 임시 정부가
들어서게 된 혁명이다. 공포 정치는 독재자 스탈린이 실시한 폭력적인 정치 형태였다.

⑩ 답 ③

1985년 소련 공산당 서기장으로 선출된 고르바초프는 소련의 경제 위기 극복을 위해
정치·군사·외교의 개혁(페레스트로이카)과 자유주의 시장 경제 체제를 일부 도입하는
개방(글라스노스트) 정책을 펼쳤다.

러시아

기원후

882년 올레크, 키예프 루스 형성

1462년 이반 3세 즉위

1697년 표트르 1세, 서유럽으로 사절단 파견

1703년 신도시 페테르부르크 건설 시작

1762년 예카테리나 2세 즉위

1861년 알렉산드르 2세, 농노 해방령 발표

농노 해방 소식을 듣는 사람들

1904년 러일 전쟁 발발

1905년 피의 일요일 사건

1917년 2월 혁명으로 러시아 제국 멸망

10월 혁명으로 볼셰비키의 일당 독재 시작

2월 혁명 당시 시위대

1922년 소비에트 사회주의 공화국 연방 수립

1924년 스탈린 집권, 공포 정치 시작

1941년 제2차 세계 대전 참전

1955년 바르샤바 조약 기구 결성, 냉전 체제 시작

1985년 소련의 11대 지도자 고르바초프, 개혁–개방 정책 추진

1989년 몰타 회담에서 미국과 냉전 종결 선언

1991년 소련 공식 소멸, 러시아 연방으로 재개편

스탈린

세계사	한국사
기원전	**기원전**
770년 주의 동천, 춘추 시대 시작	57년 신라 건국
492년 그리스·페르시아 전쟁	37년 고구려 건국
264년 포에니 전쟁 시작	18년 백제 건국
221년 진, 중국 통일	**기원후**
기원후	494년 부여, 고구려에 복속
395년 로마, 동·서로 분열	660년 백제 멸망
476년 서로마 제국 멸망	668년 고구려 멸망
589년 수, 중국 통일	676년 신라, 삼국 통일
1095~1291년 십자군 전쟁	698년 발해 건국
1206년 칭기즈 칸, 몽골 제국 성립	900년 견훤, 후백제 건국
1299년 오스만 튀르크 제국의 성립	918년 왕건, 고려 건국
1453년 동로마 제국 멸망	936년 고려의 후삼국 통일
1453년 오스만 제국, 콘스탄티노폴리스 점령	1392년 이성계, 조선 건국
1649년 영국, 청교도 혁명	1592년 임진왜란 발발
1688년 영국, 명예혁명	1866년 병인양요
1776년 미국, 독립 선언	1871년 신미양요

사진 출처

41 **이반 3세** | 위키피디아

51 **크렘린 내부** | 위키피디아 ©Avanzo B.

　　크렘린 | 위키피디아 ©Ivan Smelov

52 **성 바실리 대성당** | 위키피디아 ©Alvesgaspar

　　성당 내부의 이콘 장식 | 위키피디아 ©shakko

56 **표트르 1세** | 위키피디아

87 **성 이사악 대성당** | 위키피디아 ©Florstein

　　마린스키 극장 | 위키피디아 ©Nikolay Bulykin

　　페테르고프 궁전 | 위키피디아 ©Florstein

123 **푸시킨** | 위키피디아

　　도스토옙스키 | 위키피디아

　　톨스토이 | 위키피디아

129 **레닌** | 위키피디아

165 **스탈린** | 위키피디아

198 **농노 해방 소식을 듣는 사람들** | 위키피디아

　　2월 혁명 당시 시위대 | 위키피디아

　　스탈린 | 위키피디아